Traurig sein ist okay!

Ein Trauer-Begleitbuch für Kinder, die einen Verlust erleben

Geschrieben von
Michaelene Mundy

Illustriert von
R. W. Alley

Edition LebensTraum
im Sequoyah-Verlag

Unseren Kindern Michael, Emilie und Patrick gewidmet, deren Weisheit und Fragen Mama und Papa geholfen haben, mit der Traurigkeit des Verlustes umzugehen.

Titel der Originalausgabe:
Sad Isn't Bad

Übersetzt von Sylvester Lohninger
und Robert Jaroslawski
Gedruckt in Österreich

A-2770 Gutenstein, Blättertal 9
Tel. +43-(0)2634-7417

2. Auflage 2008
ISBN 978-3-85466-039-2

Satz: Studio Phoenix und Elisabeth Frischengruber
Druck: Holzhausen, Wien

Eine Botschaft an Eltern, Lehrer und andere Erwachsene, die sich um Kinder kümmern

Wir müssen keine Experten sein, um einem trauernden Kind zu helfen zurecht zu kommen – unsere Liebe und rücksichtsvolle Anteilnahme werden weitreichende Wirkung haben. Auch wenn es sich um die erste Erfahrung eines Kindes mit dem Tod handelt, so haben wir als Erwachsene den "Vorteil", bereits mit vergangenen Verlusten zurecht gekommen zu sein. Diese schwer gewonnene Weisheit kann uns helfen, einem Kind das Geschenk guten Trauerns zu machen.

Ein trauerndes Kind braucht es zu wissen, dass die Welt immer noch sicher ist, dass das Leben gut ist, und dass ein wehes Herz wieder heilen wird. Wir können erklären, dass Trauer und die Gefühle, die sie weckt, ganz normale Reaktionen auf Verlust sind. Wir können dem Kind die Rückversicherung geben, dass es sich geborgen fühlen kann und tief geliebt wird und immer für es gesorgt sein wird. Wir können es ermutigen, die Traurigkeit herauszulassen, indem es Gefühle und Erinnerungen mit Zuhörern seines Vertrauens teilt. Wir können es wissen lassen, dass es Zeit braucht, um die Trauer zu bewältigen, aber dass auch eine Zeit kommen wird, wo es nicht mehr so schmerzhaft sein wird.

Je nach Alter des Kindes kann es sein, dass er oder sie die Endgültigkeit des Todes nicht versteht. Ein jüngeres Kind könnte denken, dass es vielleicht den Tod irgendwie durch schlechtes Verhalten verursacht haben oder durch gutes Verhalten wieder aufheben könnte. Es könnte das Gefühl haben, dass es durch starke Wünsche oder „wirklich angestrengtes" Beten die geliebte Person auf wundersame Weise wieder zum Leben erwecken könnte.

Wir müssen auch erkennen, dass ein trauerndes Kind es braucht, selbst zu sprechen – und nicht nur von anderen angesprochen zu werden. Zuzuhören und einem Kind zu helfen, seine Ängste und Zweifel zu äußern ist in dieser Zeit von entscheidender Wichtigkeit. Ohne dies könnte im Kind die natürliche Tendenz entstehen, Ängste zu vergrößern und die Realität durch Fantasien zu ersetzen.

Es könnte sein, dass das Kind den neuen und beängstigenden Empfindungen von Trauer dadurch Luft verschafft, dass es sie ausagiert, in Regression verfällt oder besonders reizbar wird. Solche Verhaltensweisen sind ganz normal, auch wenn sie fürsorgenden Erwachsenen Sorge und Kummer bereiten können.

Während ein Kind den Tod verarbeitet, beginnt es zu erkennen, dass das Leben in der Mitte gegründet ist: Dass Ereignisse nicht immer nur schwarz oder weiß sind, dass Gefühle nicht immer glücklich, nicht immer traurig sind. Das Leben kann – trotz des Verlustes – wieder okay sein, ja sogar besser als okay sein.

Möge dieses Buch uns helfen, Kindern in ihrer Trauer beizustehen und ihnen zu helfen, in gesunder Weise zu wachsen. Möge es uns helfen, Kindern zu helfen, Kinder zu sein – und dass es ihnen dabei gut geht.

Michaelene Mundy

Es ist okay zu weinen

Wenn jemand, den Du magst, stirbt, dann ist das sehr traurig. Du wirst Tränen vergießen, aber Tränen können ihr Gutes haben. Traurig sein ist nicht schlecht.

Vielleicht hast Du das Gefühl, dass Du zu groß bist, um zu weinen. Das bist Du nicht. Könnte sein, dass Dir auffällt, dass Du über Dinge weinst, die Dich früher nicht bekümmert haben – wenn ein Schuh sich nicht zubinden lässt, wenn ein Spielzeug kaputt geht, wenn die Hausaufgabe zu schwierig erscheint.

Sprich über diese Gefühle mit jemandem, dem Du vertraust. Sage Dir selbst, dass es okay ist zu weinen, wenn Du traurig bist. Du hast einen guten Grund.

Es ist okay, Fragen zu stellen

Deine Mama oder Dein Papa scheinen vielleicht zu beschäftigt zu sein, um mit Dir zu reden, weil sie für die Bestattung alles vorbereiten müssen. Aber sie lieben Dich immer noch. Du könntest Dich an einen anderen fürsorgenden Erwachsenen oder an ein älteres Geschwister wenden, um mit ihm zu sprechen.

Der Aufbahrungsort ist ein Platz, an dem Du von dem Menschen, der gestorben ist, Abschied nehmen kannst und mit Menschen zusammen sein kannst, die Dich mögen und sich um Dich sorgen. Schließe Dich den Gesprächen an, teile die Erinnerungen, die Tränen und das Lachen.

Vielleicht stellst Du Dir Fragen über Dinge wie den Sarg, den Körper des Verstorbenen, oder was auf dem Friedhof geschehen wird. Befrage jemanden nach den Dingen, die Dich wundern oder die Dich quälen.

Es ist nicht Deine Schuld

Es kommt Dir vielleicht der Gedanke, dass Du es irgendwie verursacht hättest, dass der geliebte Mensch krank wurde oder den Unfall hatte oder gestorben ist. Solltest Du solche Gefühle haben, dann erzähle einem Erwachsenen davon. Ihr beide könnt dann darüber reden, wie und warum es nicht Deine Schuld war.

Es ist normal, sich über einen Vorfall schlecht zu fühlen, bei dem Du den von Dir geliebten Menschen verletzt oder wütend gemacht hast. Aber vergiss nicht, dass er oder sie Dir vergibt und auch Gott Dir vergibt. Vergib Dir selbst.

Es ist gut, Deine Gefühle mit andern zu teilen

Wenn Du einen nahen Menschen verlierst, kann es sein, dass Du Dich traurig fühlst, wütend vielleicht, verängstigt oder einsam. Würdest Du versuchen, diese Gefühle ganz für Dich zu behalten, dann wirst Du Dich dadurch vielleicht nur noch schlechter fühlen. Sprich darüber, wie Du Dich gerade jetzt fühlst, mit jemandem, der Dir zugetan ist.

Manchmal bekommen Menschen Bauchschmerzen oder Kopfschmerzen, wenn sie wirklich traurig sind. Schließlich fühlst Du Dich durch und durch traurig – in Deinem Geist, in Deinem Herzen wie in Deinem Körper. Sag es einem Erwachsenen, wenn es Dir so ergeht.

Wenn Du alleine bist, dann denkst Du vielleicht mehr über das nach, was Dich bekümmert und aufwühlt. Vielleicht fällt es Dir abends schwer, einzuschlafen. Lese eine von Deinen Lieblingsgeschichten oder bitte jemanden, sich anzukuscheln und Dir vorzulesen.

Wo ist der von dir geliebte Mensch jetzt?

Viele Menschen sehen den Tod als eine Geburt – die Geburt eines neuen Geistes. Genauso wie eine Raupe sich in einen wunderschönen Schmetterling verwandelt, so ist auch der von Dir geliebte Mensch jetzt frei und glücklich und schön.

Aber Du magst Dich fragen, wo der von Dir geliebte Mensch jetzt ist. Viele Menschen glauben, dass, wenn jemand stirbt, dessen Geist in den Himmel geht und mit Gott ist. Was glaubst Du?

Viele Menschen glauben, dass wir nach unseren Leben hier auf der Erde mit den von uns Geliebten und Gott zusammen sein werden. Was denkst Du, wie es sein wird, wieder mit den von Dir Geliebten zusammen zu sein?

Vertraue darauf, dass für Dich gesorgt wird

Auch wenn jemand, den Du liebst, gestorben ist, so bedeutet das nicht, dass Du alleine gelassen bist. Es wird immer Menschen geben, die sich um Dich kümmern.

Du befürchtest vielleicht, dass Du oder jemand anderer, den Du liebst, ebenfalls sterben wird. Die meisten Menschen leben ein langes Leben.
Sprich mit einem von Deinen Eltern oder einem anderen Erwachsenen über Wege, wie du ein gesundes und sicheres Leben führen kannst.

Denk daran, dass krank zu sein gewöhnlich nicht bedeutet, dass jemand sterben wird. Ein Arzt kann die meisten Krankheiten und Verletzungen heilen, oder sie heilen mit etwas Ruhe und Medizin ganz von selbst.

Manche Dinge werden sich nicht ändern

Auch wenn Du den Menschen, der von Euch gegangen ist, wirklich vermisst, kannst Du immer noch glückliche Zeiten mit den Menschen um Dich, die Dich lieben, erleben.

Manchmal könnte Dir danach sein, dass Du sterben möchtest, damit Du mit dem von Dir geliebten Menschen im Himmel zusammen sein kannst. Aber dieser Mensch würde wollen, dass Du, so wie Du bist, ein Junge oder ein Mädchen bist und Dinge tust, wie Kinder sie tun. Dein besonderer Mensch wird im Geist und in aller Liebe mit Dir sein, während Du wächst.

Manche Dinge werden sich ändern

Es ist schwer zu akzeptieren, dass Du diesen besonderen Menschen nicht so bald wiedersehen wirst. Es wird eine Zeit brauchen, darüber hinwegzukommen, dass Du ihn oder sie so sehr vermisst.

Es fühlt sich seltsam an, ins Zimmer oder Haus von jemandem, der gestorben ist, zu gehen und sie oder ihn darin nicht vorzufinden. Suche Dir einen Hut, einen Pullover oder ein Parfüm und halte ihn Dir an die Nase, damit Du Dich diesem Menschen nahe fühlen kannst.

Das erste Jahr, nachdem jemand gestorben ist, ist besonders schwer. Du wirst Dir wünschen, dass der von Dir geliebte Mensch bei Familienereignissen, an Feier- und Ferientagen dabei sein könnte. Teile dann mit anderen Deine Erinnerungen an glückliche Zeiten. Mache etwas Besonderes wie zum Beispiel am Weihnachtsbaum einen besonderen Schmuck zu Ehren des geliebten Menschen anzubringen.

Vielleicht fühlst Du Dich ganz durcheinander

Du fühlst Dich vielleicht schlecht, weil Du manchmal immer noch glücklich sein und beim Spielen Spaß haben kannst. Doch dass Du glücklich bist ist genau das, was der von Dir geliebte Mensch sich für Dich wünscht!

Du fühlst Dich vielleicht wütend: Auf Gott, auf den Menschen, der gestorben ist, auf die Ärzte, auf Deine Mama oder Deinen Papa, ja manchmal sogar auf Dich selbst. Sprich über diese Gefühle mit jemandem, dem Du vertraust.

Du fühlst Dich vielleicht verwirrt, wenn Du Erwachsene darüber reden hörst, wie es doch ein Segen sei, dass dieser Mensch gestorben ist. Sie sind glücklich darüber, dass der von Dir geliebte Mensch nun im Himmel ist, wo es nicht länger irgend ein Leid gibt.

Es ist gut, um Hilfe zu bitten

Es wird Dir vielleicht schwer fallen, Deinen Geist auf Deine Arbeit gerichtet zu halten, wenn Du wieder in die Schule gehst. Lass Deinen Lehrer und Deine Freunde wissen, was geschehen ist.

Deine Klassenkameraden wissen vielleicht nicht, was sie sagen oder wie sie sich Dir gegenüber verhalten sollen. Hilf ihnen zu sehen, dass Du immer noch der Gleiche bist, nur eben jetzt gerade traurig. Sag ihnen, wie sie Dir helfen können.

Zu beten ist ein anderer großartiger Weg, um Hilfe zu bitten. Sprich mit Gott, der doch immer mit Dir ist und niemals möchte, dass Du Dich alleine fühlst.

Umarme Deine Familie

Es ist hart, Erwachsene und besonders seine Eltern so traurig zu sehen. Umarme sie, und Du wirst von ihnen umarmt werden.

Manchmal befürchtest Du vielleicht, dass Du jemanden trauriger machen könntest, wenn Du über den verstorbenen Menschen sprichst. Aber auch Erwachsene brauchen es, über den Schmerz zu sprechen.

Denk daran, dass es nicht Deine Aufgabe ist, Deine Familie ganz alleine wieder aufzuheitern. Du und Deine Familie, ihr seid füreinander da, auch in dieser traurigen Zeit, um Euch zu lieben, miteinander zu lachen und zu weinen und miteinander zu sprechen.

Dein geliebter Mensch ist ein besonderer Freund

Es wird schwer sein, Dinge nicht mit dem Menschen teilen zu können, den Du liebtest. Aber wenn es auch keine Telefonleitungen zum Himmel gibt, so kannst Du doch mit dem Herzen sprechen.

Die Liebe und der Geist desjenigen Menschen, den Du so sehr vermisst, ist immer noch mit Dir. Schließe Deine Augen und fühle die Verbindung. Du könntest vielleicht sogar spüren, dass der Mensch, der gestorben ist, Dir in Deinem Leben Führung und Hilfe gibt.

Bitte jemanden, Dich zum Friedhof mitzunehmen, um das Grab zu besuchen. Du könntest hier ein paar Blumen, ein Briefchen oder ein kleines Geschenk als Zeichen Deiner Liebe zurücklassen.

Cup Ball

ich
Großmutter

Es ist gut zu erinnern

Stelle ein Bild in Deinem Zimmer auf, um Dich an den geliebten Menschen zu erinnern, oder bitte jemanden, Dir zu helfen, ein Fotoalbum zu machen. Frage, ob Du etwas haben kannst, das jenem besonderen Menschen gehörte, etwas wie ein Schmuckstück, eine Mütze oder einen Teller. Wenn Du es dann betrachtest oder berührst, wirst Du Dich diesem Menschen nahe fühlen.

Male ein Bild von einer besonderen Zeit, die Ihr miteinander verbracht habt. Oder schreibe diesem Menschen einen Brief, um ihm zu sagen, wie sehr Du ihn liebst und vermisst.

Menschen, um die Du Dich von Herzen kümmerst, werden immer ein Teil von Dir sein. Welche Dinge über das Leben und die Liebe hast Du von diesem besonderen Menschen gelernt?

Großmutter

Gib Dir Zeit

Es braucht Zeit, um sich wieder besser zu fühlen, nachdem jemand, den Du liebst, gestorben ist. Gib Deinem Herzen Zeit zu heilen.

Eines Tages – bald vielleicht – wirst Du Dich besser fühlen. Es wird nicht mehr so weh tun. Du wirst den geliebten Menschen niemals vergessen; er wird immer einen besonderen Platz in Deinem Herzen haben. Wenn Du aber an sie oder ihn denkst, dann wirst Du an die guten Dinge denken und die glücklichen Zeiten, die Ihr miteinander verbracht habt.